울만큼

울고 난 후에

우리 시조가 널리 보급되길 바라며 좋은 작품을 제공해주신
이애란·배경희 화백님께 깊은 감사를 드립니다.

김계정 시조집

울만큼 울고 난 후에

김계정 쓰고
이애란·배경희 그리다

시인의 말

아직 갈 길이 남아
잠시 뒤돌아보면

따라온 그림자 안에
보이는 또 한 사람

"엄마가
시인이라서
너도 행복하니?"

2025. 여름날에
김계정

목차
◆◆◆

시인의 말 | 5
서문 | 12

시작 — 한 줄도 길 없었다

수다 | 22
웃게 하고 싶었어 | 24
별꼴이야 | 26
사람 사이 | 28
우리, 함께 살아요 | 30
비극 동화 | 33
따스한 길 | 34
너의 소원을 위하여 | 36
위험한 기쁨 | 38
나도 나다워지고 싶다 | 41
거짓말 | 42
초승달이 떴습니다 | 44
그래서 더 떨렸다 | 46
장마 | 48
눈꽃 | 50
행복한 잠 | 52

그림 이애란

두 번째, 2

말이 많았다

58 | 우선 멈춤
60 | 우아한 악수
62 | 화려한 입술
64 | 어리석은 질문
66 | 혓바늘이 돋았네
68 | 선을 넘었다
71 | 괜찮아
72 | 뿌리 깊은 나무는 꿈을 꾸지 않는다
74 | 잘 살았다면, 그대
76 | 변명
79 | 아름다워라
80 | 남의 일이 아니었다
82 | 별일
85 | 언제나 해피엔딩
86 | 향기로운 그대

그림 배경희

삼, 세 번이라는 3

나는 시인입니다

물의 기억 | 92
누굴까, 그 시인 | 94
울 만큼 울고 난 후에 | 96
영혼이 풍부해졌네 | 99
명랑한 노동 | 100
달은 시를 모른다 | 103
너를 지우면 내가 지워지고 | 104
고쳐가며 읽고 싶어 | 107
내 인생의 열정페이 | 108
그런 길 | 111
나를 위하여 | 112
혼자일 때 난 어떤 사람일까 | 115
울 수밖에 없었어 | 116
미래에 사는 마음에게 | 118
이름값 | 121
사막도 길이다 | 123

그림 배경희

네번째, 4 / 네가 살아야 할 세상 / 그림 이애란

- 129 | 언제나 더 좋은
- 130 | 게 바구니에는 뚜껑이 없다
- 132 | 물의 뼈대가 무너졌다
- 135 | 영원히 영원한
- 136 | 꽃보다 먼저 웃었다
- 138 | 두려운 새가 높이 날았다
- 140 | 특별한 잠
- 143 | 나이가 아파졌다
- 144 | 붉은 노을
- 146 | 그대 이제
- 149 | 바다가, 바다가 된 그 이유
- 151 | 나는 행복해
- 152 | 해지거든
- 154 | 홀가분하게, 이제
- 156 | 또 한 번 스쳐갔다

끝 5 | 뿌린 데로 거둘 거야

그림 배경희

사과나무를 심지 못했네 | 162
행복한 나무 | 165
온난화 | 166
그때가 좋았네 | 168
나무의 말 | 170
황금 설계도 | 173
늘, 겸허한 가을처럼 | 174
가을 밥상 | 176
사랑이었다 | 178
부활 | 180
달의 언어로 | 183
숲이 되기까지 | 184
새들처럼 | 186
그런 날도 있었네 | 188
겨울 숲 | 190
집에 가자 | 193

해설 - 이송희 | 194

울

만
큼
울
고
난
후
에

서문 1

누가 나를 울어주랴,
나 홀로 신나는 세상

정용국(한국시조시인협회 이사장)

행복은 한 근에 얼마나 할까? '무량수無量數'는 시대와 사람에 따라 가리키는 값이 다르고 헤아릴 수 없는 숫자이듯 '행복'도 이러한 개념에 해당한다고 해야겠다. 그래서 '한 근'이 어느 정도인지 가격은 얼마인지 도저히 가늠하기 어렵다. 행복은 아주 미미한 것에서 느끼는 사람이 있고 엄청나게 귀중한 것에서도 반응하지 않는 사람도 있으니 아주 조화造化로운 일이라서 무량수에 가깝다고 하는 것이다. 김계정 시인은 삶을 한 옥타브를 올려서 생각하고 말하는 것을 즐기는 사람이다. 그래서 그는 누가 뭐래도 "꼴값도 별의 꼴만큼"을 진지하게 생각하며 행복도 그렇게 받아들인다. 그의 시조는 바로 이 시점에서 출발하고 동기를 부여할 만큼 '각별'하다. 걱정과 자책으로 점철된 단수의 행간에는 아득한 바램으로 가득 차 있다. '말'과 '글'에 대한 주의보를 넘어 한 수의 시조가 되기까지 "화려한 입술"과 "혓바늘"도 서로 선생이 되어 격려하고 의지하는 결연은 완곡婉曲하다. 아주 쉽게 표현한 단수에는 '주의와 인정'이 번갈아 맥을 짚고 있어서 이런 작은 '일' 하나에도 상처와 사랑이 깃들 수 있다는 오롯한 희망을 줍게 된다.

　　김계정의 시조는 입말글이 주류를 이루고 있다. 이러한 경향은 특히 시조 장르에서는 보기 드문 사례라고 할 수 있다. 전개에서 마무리까지 모든 상황을 응축해서 세 장으로 담아내야 하는 시조의 형식상 쉽지 않은 현상인 것이다. 오히려 응축의 과정에서 생겨나는 무거운 함의를 지닌 시어들이 난무하는 현실이고 보면 그의 다정한 입말은 집중력을 배가시키는 효과를 가져오고 있다. 더구나 김계정 자신이 역사를 가르치는 선생이어서 그가 구축할 수 있는 수많은 서사와 보고寶庫 같은 이야기 꾸러미를 작품에 풀어내지 않고 있는 깊은 이유를 생각해 보면 활달한 그의 작품은 더욱 빛을 발한다. 역사의 장중함과 시의時宜를 감추고 늘 다정하고 발랄한 젊은 말투에 힘을 얻는 것은 김계정표 시조를 구사하려는 그의 오래된 도정道程이라고 할 만하다. "외면한 남들의 일이 끌고 다닌 이 세상"에 사는 일은 고단하지만 "열정이 하늘만 해서 올라갔던 하늘 위"에 그는 자족하며 시조를 쓰고 있고 "내 인생 열정페이"를 외치는 그의 삶은 무한도전으로 신난다.

세상 사람들은 늘 자기 눈에 보이는 것만 믿고 연상聯想하며 현상을 판단하고 그 소신을 쉽게 바꾸려 하지도 않는다. 지금까지 김계정이 보여주었던 시조단에서의 역할과 작품은 열정으로 가득하고 명쾌한 길이었다고 생각한다. 그는 삶의 과정에서 시집 발간을 오로지 가장 큰 소원으로 믿고 총력전을 펼친다. 누구도 자신을 위해 진정한 울음을 울어주지 않기 때문이리라. 그의 새 시집 『울 만큼 울고 난 후에』가 세상 사람들의 단견短見을 넘어 사람 김계정과 그의 시조를 새롭게 볼 수 있는 다정한 사건이 되기를 기대한다. 바삭한 튀김옷 속에 촉촉한 팥소가 숨어 있는 시조의 앙큼한 맛을 만나보게 되리라 믿으며.

서문 2

선생님, 우리 선생님

최진호(카이스트 4학년)

초등학교 4학년 때인 처음, 역사 공부를 하기 위해 김계정 선생님을 만난 최진호입니다. 어느덧 세월이 13년 정도 흘렀습니다. 그동안 선생님은 네 권의 시집을 출간하셨고, 책이 세상에 나올 때마다 한 권씩 선물로 받으면서 서문을 쓴 다른 친구들이 부럽기도 했는데 이번에는 제가 글을 쓰게 되어 마음이 즐겁습니다. 궁궐 이야기는 "쓰지 마라, 다른 친구들이 모두 썼으니까" 하신 선생님 말씀이 지금도 귀에 쟁쟁합니다.

선생님을 따라 문경새재에서 열리는 여름 시인학교에서

문경새재에 대한 시조로 대회 장원을 했고, 함께 공부했던 친구 창현이와 시조 100편을 외워서 암송대회 참가, 2등을 했습니다. 그때 기분은 지금도 생생하게 기억날 만큼 신나고 놀라우며 즐거운 경험이었습니다. 제게 시조란 하고 싶은 말을 재치 있게 표현하는 방법이었습니다. 시조를 통해 자신의 감정을 다듬어서 짧지만 정확하게 표현할 수 있다는 것이 무척 새로웠습니다. 그로 인해 시조를 쓰는 동안 그 매력에 퐁당 빠져들 수 있었습니다.

선생님과 함께 서울 사대문 안에 있는 궁궐에 가서 시조로 삼행시를 쓰는 시간을 통해 고궁이 한 편의 시로 만들어지는 과정을 노래 부르던 문학 소년이 어느덧 자라서 카이스트에서 컴퓨터 공학을 전공하는 공학도가 되었습니다. 그러나 지금도 여전히 친구들이나 동료들과 대화할 때면 시조 특유의 재미있는 표현들이 불쑥 쏟아져나와 공학도이면서 문학도 같은 면모를 뽐낼 수 있었습니다. 사람을 사물에 비유하거나, 사물을 사람에 비유하는 재밌는 표현들이 머릿속에서 팡팡 터지는 것을 보면서 시조의 틀(글자수 3 4 3 4)을 벗어나지 못한 나만의 시조가 일상생활에 녹아들었다는 것을 알 수 있었습니다. 선생님과 함께 시조를 공부했던 시간이 저를 훌륭한 시인으로 만들지는 못했지만, 감성이 풍부한 사람으로 시조의 감성이 삶에 깃든 일상을 하도록 만들지 않았나 싶습니다.

처음에는 역사 수업이었습니다. 그러나 궁궐을 통해 한국사를 의미 있게 받아들이는 시간이 되었고, 시조를 통해 우리 시의 가치에 대해 한 번쯤 생각할 수 있는 시간이 되면서 그때 수업했던 시간이 제게는 무엇보다 소중한 기억으로 남았습니다. 많이 배우고 외우기 바빠 시선이 한곳에 머물러 있기보다 한 편의 시조 작품을 쓰면서 사물에 대한 성찰 및 이해로 세상을 바라보는 눈을 뜨게 된 것은 아닐까 싶기도 합니다.

드디어 김계정 선생님의 다섯 번째 시집에 축하의 인사를 글로써 전할 수 있게 되었습니다. 누구보다 열정적인 선생님, 우리 김계정 선생님의 이 시집이 독자들에게 다양한 표현과 새로운 시각의 생각을 깊이 있게 느끼고 생각하는 멋진 기회가 되길 바랍니다. 그리하여 한 편의 시를 자신의 삶에 녹여내어 감성이 풍부하게 자라길 바라며 다시 한번 선생님의 시집 출간을 축하합니다. 감사합니다.

시작

한 줄도
길었다

그래도 세 줄

한 줄도 길다지만
차마 전하지 못한 사연이 남아
울음 끝 긴 아이처럼
한 줄, 한 줄, 또 한 줄
세 줄을 쓰고도 남은 아쉬움

수다

알아듣는 두 귀와 칭찬하는 입으로

놀이처럼 주고받을 유쾌한 말의 유희

한바탕 웃음이 되는 이를테면 그런 말

걱정하지 말아요,

힐끔힐끔 눈치 보며 공연히 수군수군

쓸모없는 말로 쓸데없는 짓은 하지 않을게요

그대 등 뒤에서

웃게 하고 싶었어

축축하게 젖은 땅 햇살 콕콕 박히듯

화사하게 피워낼 말이 심은 웃음꽃

하얗게 드러난 민낯

표정 없는 얼굴에

눈빛과 눈빛 사이 가로막은 침묵을

실없이 툭 던진 말 한마디가 몰고 올 파문

수다쟁이라도 좋습니다,

그대가 웃는다면

별꼴이야

밤을 돋보이게 만든 별꼴은, 별의 모양

짙어진 어둠 속에 길 밝힌 건, 별꼴이야

꼴값도 별의 꼴만큼

하려거든 별만큼

반쪽이 된 별꽃에 값이 있다면

별의 꼴 정도 되어야 할 수 있는 꼴의 값

그런 꼴값이라면 나도 하겠습니다

사람 사이

못 볼 걸 다 본 사이
눈이 맑아지는 사이

들어도 다문 입에
햇살 가득 채운 사이

알아도 몰라도 좋아
향기 남을 그런 사이

사랑이 꽃보다 아름다운 이유를 아는 우리는

알면 알수록 고마움을 알게 하는 우리는

따스한 눈으로 전한 응원의 힘을 아는 우리는

곁에 있다는 것만으로 위로가 되었던 우리는

우리, 함께 살아요

침묵을 요구하는
소음 덮친 전철 안

마주 본 싸늘한 시선
비켜나간
두 눈으로

한 번씩 세웠다 허물
저 홀로 사는 나라

깊은 심연에 빠진 듯 홀로 섬이 된 전철 안에서

두 눈은 오직 한 곳에 고정된 전철 안에서

고요를 깨는 목소리에 비로소 드는 고개

아, 시끄러워 조용히 좀 하지,

그러다 울리는 전화벨 소리에 더 큰 목소리로 여보세요!

비극 동화

돌아보면 한 번씩
울컥 솟는 눈물도

참으면 편해진다는
억지를 배운 후에

재미로 읽지 못하는
어른들의 이야기

따스한 길

모든 일의 중심에
들어서지 못해도

파문을 막아낼
모든 것의
가장자리에서

걸음이 따스해지는
길을 내고 있었네

세상이 아름답게 유지되는 까닭은

중심에 들어가지 못한 사람들이

중심까지 닿지 못하도록 막아낸

가장자리가 있기에

너의 소원을 위하여

홀로 갇힌 어둠 속에
돌이 된 단단한 별이

밤마다 되풀이하며
한 모퉁이만 비추더니

유성이 되어버렸네
소원 들어준다며

유성을 보았나요? 소원을 빌었겠군요.

당신만을 위한 유성 하나 가지고 있다는 것은

이뤄질 꿈이 있을 때!!

축하합니다, 당신의 꿈이 곧 이뤄지겠군요

위험한 기쁨

같은 줄기에서 자란 기쁨과 슬픔으로

뿌리 없이 피워낸 은빛 햇살 눈물 꽃

때로는 놓친 인연이

비켜 간 아픔이더군

소박한 아름다움을 알아볼 단 한 사랑을 만나기 위해

가치의 소중함을 아는 좋은 인연 만나기 위해

그렇게도 스치고, 스치고 또 스쳤나 봅니다

사랑은 사랑답게 살고 난 후에
새는 새처럼 날아낸 후에
지고 갈 짐이 없어 홀가분하게
하늘까지, 하늘까지

나도 나다워지고 싶다

나무는 새의 영토

입으로 세운 집 한 채

기둥이 된 가지에

잎으로 잡은 터전

나무가

나무다워지고

새가 새다워지는

거짓말

허름한 예의 갖춰
말이 만든 주름살

눈동자에 붙어있던
홀린 듯 들뜬 웃음

흑과 백 무채색으로
빙빙 도는 회오리

정말이라고요? 진짜고요? 억울하다고요?

그러지 말아요, 바로 알겠던걸요

거짓말은

초승달이 떴습니다

보이지 않는 길 끝에
누군가 있을 것 같아

어둠을 항해하는
고단한 눈빛으로

온전히 밤을 건너는
그리움의
쪽배 한 척

그대 눈에 보이는 내 얼굴, 무서운 거울이었어

반짝반짝 닦아서 맑음만 보이라고

내 눈에 보이는 환한 얼굴, 고마워

그래서 더 떨렸다

두 눈에 꽃이 들어왔다
상냥하게 웃는 봄

눈으로 하나 가득
네가
스며들었다

소름이 돋지 않아도
꽃인 양 자꾸,
떨었다

봄이 다시 오기 위해 겨울은

찬바람 앞에서 당당할 수 있었고요

꽃을 피우기 위해 새가 울었어요

두 눈 가득 채워진 그 풍경 때문에

나도 잠시 떨렸어요

장마

사무치게 그리워
오히려
화가 난 듯

흐르지 못해 고인 물은
눈물이 될 수 없듯

제 속 다 비울 때까지
당차게 쏟아
흘려버린

빗물도 사랑도

넘치는 것은 모두 사절입니다

영원하다는 과한 거짓말에 홀레기보다

변치 않을 담담한 마음만 받겠습니다

눈꽃

손으로 받아 들면
손바닥에
눈물 한 방울

따스한 입김 한 번에
날아갈 꽃 한 송이

하늘이 잠시 내려와
꽃으로 피었다 진

행복한 잠

신은 그날을 위해
천국을 만드셨다지

더는 깰 필요 없는
이를테면
그런 잠

고단한 끝이 보이는
하늘까지 이르는

살아갈 날보다 살아온 날이 더 많습니까

그럼 이제 우리 죽음을 준비할까요

죽는다고 생각하면 착해지고 싶을 것이며

죽는다고 생각하면 욕심을 버릴 것이며

죽는다고 생각하면 정직해질 테니까요

두 번째,
2

말이

많았다

감사의 줄기로 자랐다

회초리가 되는 말이 충고라면
맞을 때마다 부끄럽기를,
그리하여
맞은 기억조차
감사의 줄기로 자라기를

우선 멈춤

말로는 차마 못 해
속으로 삼켰어요

멈춰서 아름다워진
작고 동그란 입

말문이 열렸던 순간
참길 참 잘했어요

마지막에 웃는 승자보다,

한 번 웃고 마지막 승자가 되기보다

항상 웃는 사람이 될래요

모든 날에 웃음이 스며들었다면 재미있는 인생이잖아요

웃으며 살길 참 잘했죠?

우아한 악수

마음이 점점 얼음 기둥인 양 굳었다

우쭐한 적 없었던 입에 발린 공치사

악수를 받아들이면 심장이 쫄깃해졌다

저녁 무렵 태양은 빛을 거둬들였다

마침내 그 빛이 모두 다 사라진 후에

우아한 악수였다며 어른이 되어갔다

때로는 오월둑주, 함께 살아남기 위해서

가끔은 손톱만 한 체면 때문에 내민 손 잡습니다

잊지 못한 상처도 손을 잡기까지 한없이 깊어졌던 생각의 길!

어른이 되는 길이었나 봅니다

화려한 입술

잘 마른 햇살을 활짝 편 태양처럼

화로보다 뜨겁게 달궈진 입이 있다

영혼에 상처 남기는 화려한 입술이다

꼼짝도 할 수 없던 가슴 속의 긴 비명

탓할 수 있는 자유를 누가 네게 주었을까

순한 귀 막아버리고 말문마저 닫게 한

분노해야 할 때 분노하는 것의

정당함을 표현하지 못했네

입을 열어 말하기보다

화조차 낼 필요가 없는

침묵의 가치를 알고 있기에

어리석은 질문

더는 참을 수 없어
터져버린 휴화산

괜찮아요, 괜찮아
담담하게 했던 말을

아니요 그럴 리가요
괜찮을 리 없잖아요

어둠을 통과하는
의례인 양 두려워서

창백한 얼굴이
불로 맞닿은 후에

어떻게 그럴 수 있죠
어리석은 질문 한 줄

어떻게 그럴 수 있죠, 진짜?
가끔은 따지듯 또박또박 반박하고 싶지만
철없는 버릇없는 싹수없이 예의도 모르는 사람이 되기에
그저 참을 수밖에

헛바늘이 돋았네

침마저 고이지 않는 마른 사막 안에는

한 모금 달콤한 물도 허락하지 않았네

저 홀로 피었다 지는 꽃은 필요 없다며

잊지 못한 서늘함이 잇고 싶은 바람으로

제 혀를 꿰맨다며 콕콕 찌르는 순간

섬이 된 입안의 반란 뒤척이는 마른 혀

세상의 모든 일에는 교훈이 들어 있다는데

들어주세요, 읽어주세요, 깨달아주세요

일일이 겪어가며 알아가기에

세상엔 아름다운 일이 넘치도록 많거든요

선을 넘었다

바람이 부풀면 볕살 먼저 쏟아졌다

순해진 제 선 안에 넘나드는 빛의 걸음

밟고서 넘지 않은 선 경계에서 아슬아슬

날이 선 눈빛으로 추린 시선 모으면

가벼운 입의 발이 선을 넘는 그 순간

사람과 사람을 잇는 이음새가 벌어졌다

양심이 그은 선을, 예의를 다해 긋는 선을

넘거나 넘지 않거나

당신은 지금 어떤 선 앞에 서 있나요?

그래요, 괜찮아요. 방법이 없잖아요

내가 괜찮아 잊었는데, 뭐가 문제인가요?

용서할 가치조차 없는 그 일을, 신은 다 기억하시는데

괜찮아

시선은 사람을 넘어
허공을 헤매면서

모든 걸 아는 듯이
저만 다 아는 듯이

괜찮아
그 한 마디에
다시 또 잊어주는

뿌리 깊은 나무는 꿈을 꾸지 않는다

울지 않는 나무의 바삭 마른 흔들림이
아직 이루지 못한 꿈을 향해 나갈 때
가끔은 울어도 좋아, 눈물이 샘이 된다면

이번 생은 틀렸어, 주저앉고 싶을 때
하찮을 리 없다며 위로하며 다짐하는 말
옳다고 우기지 않아 세상이 편안하다고

따스한 눈길만으로 순하게 자란 싹이
한낮의 햇살만으로 반짝이는 나뭇잎
뿌리가 깊어진 만큼 꿈꾸지 않아 좋았네

흔들면 흔들리던 나무에는 튼튼한 뿌리가 있기에
백 년, 다시 또 백 년을 살아냅니다.
이번 생은 틀렸다며 포기하지 않았던 사람도
생각의 뿌리가 깊어진 만큼 흔들림은 그저
순간의 바람이었다는 것을 배웠습니다

잘 살았다면, 그대

예순 지나 하는 기도
고맙습니다 뿐이라서

다행이야, 그 한 마디
잘 살아서 할 수 있는

구하고 바라지 않을 꿈을 꿀 수 있어서

변명

이미 알고 있었던 알면서 모른 척했던

말의 꼬리 삼키며 제 혀 질끈 깨물어도

몰랐어, 그 한마디는 비겁한 말의 장난

여러 말 필요 없다며 단칼에 잘라낸 입

바람만 일렁이다가 멈출 것 아니라면

눈물이 변명이라며 온종일 울어도 좋아

모기는요, 다 알고 있잖아요.

몰랐다면요, 바봅니까?

미련조차 남지 않을 만큼

그래서 미움이라는 단어조차 붙이고 싶지 않은

그런 사랑을 만났나요?

참 슬픈 인연이었군요

아름다워라

바람과 햇살에 긁힌
나뭇잎이 말했지

이미 다 알고 있는 일
물을 필요 없는 일

단풍 든 숲으로 가면
모두 아름다운 한 잎

눈여겨본 적 없는 빛나는 나뭇잎이
기대어 함께 사는 오래된 나무 한 그루
사랑이 변하지 않아 흔적도 아름다운

 남의 일이 아니었다

당연한 사건인 양 일어나도 상관없는

때로는 환한 웃음 가끔은 눈물 한 방울

나 없는 모든 순간은 순전히 남들의 일

수필처럼 소설처럼 각인된 문장으로

아무도 읽지 않을 은밀한 방관의 서사

외면한 남들의 일이 끌고 다닌 세상일

너의 일일 때는 남의 일

상관할 필요 없는, 책임질 까닭 없는

남에게 나의 일도 남의 일

까무러칠 듯 놀랄 일도, 서운할 필요 없는

꼬작 그깟 일

별일

수런거리는 입을 볼 때면
귀가 솔깃 궁금해도
소나기 지나가듯, 바람이 거둬가듯
왜 그래 묻지 않겠네, 공범은 되지 않겠네

아무 일 아니라는데
별일 없다는데
가지는 꺾어지고 새는 이미 날아갔네
말로써 무너져버린 누군가의 우주가

박자 맞춰주며 "그래그래 네 말이 맞아

어떻게 그럴 수 있지? 이해가 안 되네 진짜!"

그러지 않을게요,

굳이 말 같지 않은 말에 공감하는 양 독조하는

그런 치사한 짓은

사랑은 변하지 않는다지요

죽을 때가 되어야 변하는 것이 사랑이라지요

권선징악!

살아보니 알게 되더군요,

살면서 지은 죄에 대한 벌은 살면서 다 받는다는 사실도

언제나 해피엔딩

드라마가 끝났어
결말은 해피엔딩이지

시시하고 뻔한 일이야,
개과천선이라니

눈물을 펑펑 쏟으며
바라는 건 용서라지

간악했던 눈빛과
탐욕의 중상모략

가소로운 그 눈물에
스스로 준 면죄부

하늘은 시작할 거야
형벌의 새로운 막

향기로운 그대

해달별 바람이 만든 황금빛 모과 얼굴

순결한 자연의 언어 소복하게 채우면

안으로 가둔 향기가 바꿔놓은 표정들

타고나 생긴 대로 별수 없어 보이는 대로

부러웠던 찬사 없이 환호 없는 감탄으로

무례한 시선을 거둔 한 알의 위대한 향기

예쁘면 다 용서가 된다는데

이왕이면 모두 예쁘고 멋지게 태어나고 싶은데

그게 맘대로 되나요?

생긴 모습 그대로 가진 매력!

그 가치를 알아주는 사람들과 한세상 살아가는 것

그 행운의 주인공이 당신인가요?

삼, 세 번이라는
3

나는
시인입니다

시인의 변명

쓸 수밖에 없어서 시를 쓰는,
읽지 않는 시 한 편 짓기 위해
밤을 새우고
가슴 벅찬 한 줄 때문에 우쭐해진 시인 직함

물의 기억

갈라진 눈꺼풀 사이
넘치도록 흐르던

말라서 사막이 된 물의 길을 기억해

상처를 쓰다듬었던 뺨 위의 오아시스

많이 울었던 날을 지금도 기억하나요?

아파서 울었던 날보다

기쁘게 울었던 기억으로

가슴 안의 마른 사막, 촉촉이 적셨나요?

누굴까, 그 시인

눈물을 불러낸 건 살아 우는 글자였어

말로 할 수 없으나 순간 울게 되더군

속부터 뜨거워졌지, 시 한 편 읽은 후에

무엇이 더 있을까, 가만히 들여다보면

보이지 않는 길 끝에 사막도 길을 내더군

누굴까, 오래 머물러도 좋을 시의 집 지은 이는

시집 한 권 읽은 후

시인이 궁금해졌습니다

울 만큼 울고 난 후에

시인이 되겠니,
평생을 건 제안 앞에

근사한 생각들이
다정하게 스며들었다

눈물의 푸른 세포가
수혈하듯 번식했다

내버려 둔 슬픔에 떠오르는 달 하나
상처조차 무늬가 된 아름다운 흔적들

울 만큼 울고 난 후에
말이 아닌 시가 되었다

시를 쓴다는 것은
내가 날 안아주는 거야
읽어서 공감할 수 있는 시 한 편에
나를 네게 보여주는 거야
그 제안 받아들이길, 참 잘한 것 같아

시에서 찾는 숲은 그림처럼 시에 스민 향기를 읽어요
시로 전하는 사랑을 만났나요?
향기로 전하는 시 한 편 읽으셨나요?

영혼이 풍부해졌네

시의 밭 꾸민다며
꼼꼼히 고른 모종

의미가 된 너처럼 한 송이 피어서
신비로 오지 않아도 신비로 피우는 꽃

가벼운 깃털인 양 어디든 날아가서
눈물마저 닦아주고 토닥토닥 안아주는

충분해, 시로 완성한
그 정도 미음 밭이면

명랑한 노동

이어폰이 전하는 노래를 배경으로
붐비는 전철 안은 시간이 시가 된다
열정의 몰입만으로 멈춰버린 풍경들

한두 개 역을 무심히 지나칠 수 있다는
최악의 경우의 수 설정하지 않은 채
생각이 길어질수록 아쉬워진 시어 하나

햇살이 스며들어 빛나는 얼굴에는
시 한 편 완성했다는 과도한 긍정주의
진지한 묘사가 만든 명랑한 노동이었다

마주 앉아 10분, 고개 숙인 채 20분,

눈을 둘 곳 없는 전철 안에서

한 세상이 흘러가고 있는 전철 안에서

한 편의 시를 쓰니 눈 깜박할 새 당도하는 기적

노독이 된 시 쓰기가 행복해지는

나는 시인입니다

달은 시를 모른다

시인이 사랑하여 달은 시가 되었다

눈웃음치는 초승달부터 가로등 된 보름달까지

펼치면 훌륭한 재료 편편이 미지의 언어

누구도 달에 대해 아는 바가 없으나

우주는 손안의 배경 당기면 잡힐 것 같아

시가 된 고요의 바다, 달만 모르는 일이라고

너를 지우면 내가 지워지고

칼날 같은 눈빛에 베이고 싶지 않아
시를 쓰지 않으니 세상이 고요하다
속 깊은 한 줄의 의미 모를수록 편해서

가지 치듯 잘라내어 단정해진 시 한 편
사전 안에 몰아넣어 잠들어버린 어휘 숲
난무한 문자의 조합 더는 남기지 않아

곱기만 한 꽃으로는 숲이 되지 못하듯
낯선 언어의 배열 길이 되지 못해서
멈추면 비로소 보인 시를 지우고 싶어

안 쓰면 그뿐인데, 써놓고 전전긍긍

맘대로 읽으면 그만인데 눈치 보며 기웃기웃

그럼에도 쓸 수밖에 없는

나는 시인입니다

집으로 던져지던 이른 새벽, 조간신문
그 신문을 보며 혀를 끌끌 차던 아버지
종이가 신문의 역할을 하지 못하는 이제
인터넷 뉴스를 보며 오늘은 내가 혀를 찹니다
고쳐가며 읽고 싶은 사연 하나에 가슴을 칩니다

고쳐가며 읽고 싶어

한 세상이 종이에 담겨 태양의 빗장 푼다
무수히 많은 사람의 지극히 서늘한 일상
홀연히 생겨났다고 총총히 사라질까

사연의 줄기가 키운 열매 한입 물어도
닫힌 귀에 열리는 눈 깨어나는 생각에
비운 채 놔두고 싶은 여백은 죽은 숨소리

날마다 일어섰다 주저앉는 사람들이
한 글자씩 선명하게 만들어 놓은 이야기
줄 세운 어제의 행렬, 고쳐가며 읽고 싶다

내 인생의 열정페이

꿈꿀 때 행복한 만큼 꿈꿔서 다행인 만큼
이루지 못한 순간도 이룰 거야 다짐으로
멈춰선 안 될 것 같은 손에 곧 닿을 것 같은

꿈을 꾸지 않으면 달리 할 일이 없어
기대하며 붙잡고 도와달라 늘어지다가
열정이 하늘만 해서 올라갔던 구름 위

도저히 안 되겠다며 제풀에 놓았다가
괜찮다는 한마디에 피워냈던 소금꽃
열정이 아름다웠던 지울 수 없는 페이지

마음이 시킨 일이 곧 희망일 때,

열정으로 준비한 사랑에 다가올 기쁨

아름다운 시절이 만든 꿈의 한 페이지

마음이 두 갈래일 때

가야 할 길을 잃었을 때

파수꾼이 되었던 것은 바로, 사랑

그런 길

마음에도 길이 있다
담장 없는 길 있다

어떤 일이 생길까
도무지 모르지만

사랑에 기대어 가면
행복해서 즐거운 길

꽃처럼 피었으나 낙엽처럼 저물어도
설렘이 등불 되어 훤하게 불 밝힌 길
사랑이 사랑만으로 길이 길을 만든 길

나를 위하여

부채인 양 펼쳐진 열기를 거둔 후에

노을이라 부르면 태양이 순해졌네

내일로 향하는 길을 꽃길로 만들었네

오늘만 살 것처럼, 내일이 없는 것처럼

꿈꾸다 놓쳐도 좋은 꿈으로 살아서 좋은

그대를 위했던 일이 날 위한 일이었네

기억해요,

그대에게는 친구가 있다는 것을

주기보다 받는 것이 좋은 듯해도

받기보다 주는 것이 더 좋은 그런 친구

혼자서도 잘 놀아요, 나는

먹을 만큼 먹고 잘 만큼 자며 내가 들어 있는 시를 쓰지요

홀로 선 한 그루 나무처럼

아낌없이 주고 또 주어도 더 주고 싶은, 나는

바보 같아도 착하게 사는 세상, 한 그루 나무입니다

혼자일 때 난 어떤 사람일까

기억의 수명이 점점 더 짧아진다

봄처럼 재잘거리며 피워놓은 말의 꽃

피사의 기울어진 탑 몸도 따라 기운다

착해서 다행이라는 나만 아는 나의 내가

변함없이 한결같이 피웠다가 비워내는

홀로 선 나무 한 그루 일테면 그런 사람

울 수밖에 없었어

주어진 나의 땅은 손이 그린 동그라미

그래도 좋았다며 심어 놓은 기억은

슬픔을 뿌리에 새긴 한숨이란 조각가

선을 넘지 않아서 넓히지 못한 영토에

뽑아도 소용없어 내버려 둔 물의 씨앗

새순이 돋아난 만큼 울 수밖에 없었어

가진 것이 없어도 넘지 않은 선이 있었기에

손이 그린 동그라미에 돋아난 새순을 위해

눈을 놀렸습니다

미래에 사는 마음에게

될 대로 되라는 듯
아니면 말라는 듯

대책 없는 한 마디
좋은 날이 올 거야

차라리 복권 한 장에
당당했던 빈 지갑

한 번씩 길을 잃고 헤매었던 그 길로
탈탈 털린 달빛이 밤을 건넌 그 후로
갈라진 먹구름 사이 활짝 떠오르던 태양

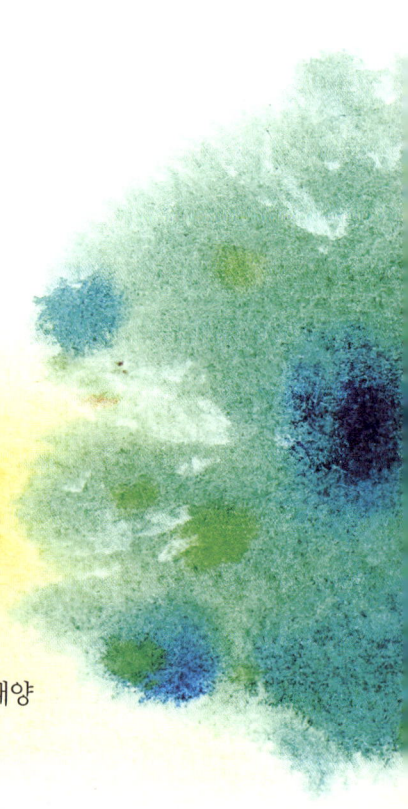

복권은 요행이라며 절대 사지 않았는데
복권이 희망이라면 너무 슬플 것 같아 절대 사지 않았는데
복권 한 장이 유일하게 기댈 언덕이라며
이번 주에도 한 장, 샀습니다

나는 지금까지, 잘해왔습니다

그래서 앞으로 더 잘할 것입니다

이름 석 자, 남겼으니 이름값 하려면요

이름값

내일이라는 이름으로 오늘이 떠났습니다

달의 그림자에 가린 밤마저 잠이 들면

동백꽃 피어나듯이 하늘 한쪽 환합니다

눈을 뜬 푸른 숨결 새벽이 달려옵니다

나를 타이르듯이 등을 두드릴 햇살

오늘은 어제보다 더 열심히 살겠습니다

가본 적 없는 사막이 가본 것처럼 시가 됩니다
마른 가슴 안의 사막을 달래줄 유일한 오아시스,
눈물만 가지고서

사막도 길이다

마주 보며 뜨고 지던
공평한 신의 나라

넓어진 태양의 영토 밀려나는 달의 땅
햇살의 솔기 터지면 모래가 자랄 거야

사막도 길이라며 길을 내는 해의 걸음
눈이라는 최소한의 자리만 차지한 물

하늘을 올려다보네
공평하길 바라며

네 번째,
4

네가
살아야 할
세상

너만 살아도 좋을

내가 죽어 네가 살고 네가 살아 좋은 세상은
나만 살지 않아도 무너지지 않을 세상

그런 세상을 살았는지요
그런 세상을 만들었는지요

아무도 모르길 바라는 일은 해서는 안 될 일

모두가 알아서 행복한 일은 할수록 더 좋을 일

오늘보다 내일이 더 좋은 이유입니다

언제나 더 좋은

일어날 일 일어나고
지나갈 일 지나가면

좋았던 오늘보다
내일은 더 좋을 거야

행복이 설정한 값에
따라오는 미소처럼

게 바구니에는 뚜껑이 없다

함께 갈 수 없다면 너라도 떠나거라
기쁨이 부풀어 오른 등을 내어준다면
환하게 하늘 보이는 바구니가 희망이다

툭 치면 떨어지고 오르려면 잡아채는
뚜껑 없는 게 바구니 발이 발을 잡는다
억지로 주저앉히며 너도 가지 말라며

내가 죽어 네가 살고 네가 살아 좋은 세상
나만 살지 않아도 무너지지 않을 세상
동그란 게 바구니에도 뚜껑 하나 필요했다

위해서 사는 일이

나를 위한 것이 아님을

배순쯤 지나 보니 알게 되었네

위해서 한 많은 일이 날 위한 날이라는 것을

알게 된 후에

물의 뼈대가 무너졌다

물의 문자가 점점 손의 글자 되었다
즐비한 암호 행렬 간단해진 소통으로
무늬가 장악한 문양 해독은 필요 없다며

성격이 보인다는 필요 없는 필체와
생각을 삭제시킨 문체의 돌연변이
사라진 먹물과 잉크 대안이 된 손가락

바람이 물을 읽으면 살아 울던 글자는
흘러넘친 햇살에 바싹 마른 물의 사리
예의가 정제된 배열 살아남지 못했다

먹물과 잉크, 펜조차 사라지고 있는 지금,

오늘도 손은 참 바쁩니다

그것도 귀찮다며 간단하게 보내는 귀여운 이모티콘 하나

예의를 모르는 손이 대세입니다

영원히 살기 위해 오늘도 착하게 살았나요?

천국에 가기 위해서 오늘도 나쁜 일은 하지 않았나요?

욕심도, 탐욕도, 시기 질투도 모르는

정직한 마음으로 맑게 살았나요?

그럼 걱정 없겠네요

당신은 천국행입니다

영원히 영원한

소멸을 두려워한 불안한 오만함은
영원을 보장한다는 신을 만들었다
한 번도 가보지 못한 하늘 문 열었다

천국과 지옥이라는 민감한 경쟁자는
깊고 깊은 믿음이 감당할 유일한 기획
순간의 마지막까지 착하거나 착해지거나

가는 길이 달라질 최후의 심판 앞에
죽어야만 살아나는 부활의 유토피아
영원히 영원하다는 말이 말을 만들었다

꽃보다 먼저 웃었다

물이 끌어당기면 달은 출렁거렸다
급해진 빗물이 꽃에 불어넣은 숨결
산산한 물결이 일 듯 마음 울렁거렸다

심호흡할 때마다 바람이 스며들었다
목으로 삼킨 봄의 세포 천천히 분열하면
목마른 가지에 먼저 꽃물 들기 시작했다

우람한 나무는 아직 죽은 듯 고요하다
보물을 나눠주듯 유언장 공개하는
온순한 겨울의 눈빛 꽃보다 먼저 웃었다

위대한 리더는 후계자 선정이 탁월하다지요

비울이 위대한 까닭입니다

그래서 언제나

꽃보다 먼저 웃습니다

두려운 새가 높이 날았다

바꿀 수도 고칠 수도 가질 수도 없기에
앞만 보는 새처럼 돌아보지 않겠네
머물러 날갯짓하다 날개마저 꺾일까 봐

앞과 뒤 다른 만큼
닫힌 입과 열리는 귀

형체를 알 수 없어
허공 향해 휘두른 손

어렴풋 보일 때마다
주저앉던 두 다리

두려움 감추려고 높이 오르는 일이
장애물 경기를 하던 어제보다 쉬워서
마음껏 날아올랐네, 망설이지 않았네

바꿀 수 없는 것들이 있습니다
도저히 변할 수 없는 것들입니다
그렇다고 포기했나요?
아니요, 아니요, 불마, 그럴 리가요
그 대답을 원했습니다

특별한 잠

사는 기쁨의 첫 햇살 눈부시게 빛나도
밝아오는 아침을 피해 달아나고 싶었다
태양의 힘찬 발걸음 세워놓고 싶었다

쾌적하고 아늑했던 어둠 이미 걷혀도
몸이 따르지 못한 마음 앞서 일어나도
혼자서 빠져나와야 할 잠은 아직 진행형

온종일 짊어진 채 부려놓지 못해서
제 몸에 칭칭 감은 고단한 시간의 실
올올이 풀어주었던 특별한 잠이었다

불면의 밤이 계속되면서 커피를 끊었습니다

한때는 잠들지 않으려고 마신 커피 한 잔이

잠을 재우지 않은 까닭입니다

사용한 만큼 고장 나고

살아온 만큼 아프다더니

나는 그저 사랑이라는 기계였네

나이가 아파졌다

허구한 날 아파지는 노년의 어디쯤은
나이가 보낸 신호 압도된 감각들이
새되게 앵앵거리며 제 몸을 쪼아댔다

느닷없는 통증은 놀랄 일 아니라며
늙음을 감수하는 관대한 협상안에
호흡이 길어지면서 침착해지는 숨소리

입만 벙긋거리는 늙고 살찐 금붕어처럼
과도하게 점잔빼던 느긋한 걸음으로
허락된 달콤한 호사 한 주먹 약을 삼켰다

붉은 노을

햇빛이 남아 있는
아름다운 날이었다
허공을 헤매는 눈빛 사람들이 낯설다
마음을 앞서간 머리 두려움이 자랐다

바람은 바람에게 시간은 시간에게
운명에 매달리는 마음이 마음에게
믿어서 단순해지는 눈에서 눈으로만

흘러내린 눈물로 눈이 점점 충혈됐다
마음을 적시지 못한 가슴속 붉은 노을
햇볕이 사라지기 전
잡으라는 꿈이었다

붉은 노을을 보며 이제 집에 갈 시간!

황혼의 나이쯤 되니 붉은 노을은

하늘로 가는 가장 멋진 지름길

그대 이제

웅크려 앉은 손끝에서 말쑥해진 쪽파 한 단

팔리지 않은 열무의 초췌한 잎 거둬내면

손 한번 스칠 때마다 올라가는 정성값

새까만 손톱 밑에 푼푼이 쌓이던 태산

웃음조차 박제된 듯 깊어지는 주름살

아직도 그대 멀었는가 등 굽은 손의 반란은

육교 밑에서 분주히 채소를 다듬는 주름진 손이
뭉툭해서 굵은 손길에 벗겨나가는 쓰레기 한 줌
말쑥해진 채소에 붙는 손이 만든 정성값
이제 그대 바빴던 두 손에 꽃을 들기를
굳어진 손마디 더는 움직이지 않을까 봐
펼 수 없는 허리에 좋은 세상 구경 한 번 못할까 봐

남 얘기하는 사람들 말을 뒤에서 듣고 있어요

말 같지 않은 말이 전철 안에 가득 채워졌는데

남 얘기하는 두 사람만 모르더라구요

어른들이 참, 어른 같지 않아서,

나또 그럴까 봐 무섭습니다

바다가, 바다가 된 그 이유

소문을 무시하라는 야윈 달의 등 뒤로

물살에 떠밀려가는 마른나무 겨울 잎

태양은 땅이 하는 일 눈 감고서 모른 척

바다가 강의 일에 절대 나서지 않는 것은

길잡이 된 바람에 한껏 출렁거리며

하얗게 부서질수록 안으로만 품기에

오늘이 행복한 것은
오늘의 몫을 잘살아냈기에
오늘이 불행하지 않은 것은
내일은 더 행복할 것을 알기에

나는 행복해

쏟아지던 태양 빛
비켜 간 오후쯤에

괜찮아서 괜찮다며
웃음으로 가린 얼굴

가상의 상상만으로
불행하지 않아서

해지거든

물에서 빠져나가 순식간 솟는 불길

깨어나는 태양이 점점 붉게 번질 때

바라는 기도 하나쯤 들어줄 것 같았지

아침마다 달라진 꿈 간절함만 넘쳐서

통제 불가 불의 씨앗 마음만 태운 후에

뒤 한 번 돌아보다가 노을 앞에 울었네

해돋이를 갔습니다

놀랍도록 황홀한 해를 보며 간절한 소원 하나 슬쩍 밀어넣습니다

그 소원 이루지 못해도

어둠 속의 달빛인 양 선 내 자리가 환합니다

홀가분하게, 이제

몸 안의 어둠 밀어낼 뜻밖의 기회라며
창까지 기어올라 빛에 기대는 오후

얼굴을 햇볕 속으로
천천히 들이밀었네

창문의 크기만큼 가질 수 있는 하늘에
보이지 않는 저 멀리 새 한 마리 날아가고

버려도 아쉽지 않을
꿈은 다 지워버리고

하늘 보이는 창문 앞에서
그 하늘 모두 가진 듯이 행복했던 방에서
더는 꿈꾸지 않아도 좋아 홀가분했던 그때
순간을 그리워하기보다
시절이 그리워지는 이제

2005.06.
이애란

또 한 번 스쳐갔다

봄은 백 년 전에도 꽃을 활짝 피웠지

선 채로 기록이 된 한 그루 나무처럼

도저히 만나지 못해 어제를 건너왔다지

백 년 전 피운 꽃이 오늘 다시 봄인데

스쳐도 아쉽지 않을 눈빛은 지워버린 후

백 년 더 가야 하는 길 채워야 할 또 천 번

끝 5

뿌린 대로
거둘 거야

그래도 사과나무를 심겠어요

내일 멸망할 지구를 위해 오늘 심을 사과나무
잘 자랄까, 걱정 대신
잘 자랄 거야,
지금이 바로 그때니까

사과나무를 심지 못했네

사과나무 한 그루 더는 심지 않겠네
타협 불가 태양이 까맣게 돌아선 뒤
떨어져 사라진 꽃잎 맺지 못할 열매의 땅

두 손이 뿌린 불씨 순식간 번질 때면
땅의 구석구석까지 후끈하게 달아올라
사과꽃 파리한 향기 밑불 되어 남은 재

제 손으로 키우고 제 발로 밟아놓고
네 탓이야 내 탓일까 회피한 책임론에
심어도 자라지 못할 무너진 오늘 때문에

무더위가 기승을 부린 지난여름,
사과 꽃잎이 채 펴지도 못한 채 우수수 마른 잎만 남겼다지요
사과가 열리지 않은 사과나무는
빈 가지만 흔들며 빗물에 기대 눈물 흘렸다지요
사과값만 올랐다며 투덜거리는 사람들은
앞으로 사과를 먹지 못하는 날이 온다는 것을
아직도 모른다지요

행복한 나무

나무의 옆구리에
불쑥
가지 돋았다
거칠고 마른 피부에 나눠준 새순의 터
근육의 예리한 줄기
식구 하나 늘었다

햇살의 입맞춤에 차가운 달의 시선
바람이 방심한 사이
쑥쑥
키가 자라면
그늘이 행복해지는 제 몸의 잎새 한 장

온난화

봄을 가장한 햇살 겨울 하늘 장악했다

속수무책 꿈틀거리는 땅과 그의 나무들

겁 없이 온기로 덜컥, 꽃 한 송이 잉태했다

열기 안에 뿌리내린 끝을 향한 발걸음

음지가 양지가 된 햇살 안의 햇살은

온난화 새로운 품종, 꽃을 자꾸 피웠다

꽃의 이름이 온난화라지요

그 꽃은 피어난 순간, 땀을 불러온다지요

에어컨, 선풍기, 부채마저 필요 없다는 꽃 한 송이가

지구를 꿀꺽, 삼킨다지요

그때가 좋았네

파릇파릇 연둣빛 초록이 된 후에야

피운 꽃 무겁다며 훌훌 떨군 후에야

한 마디 툭 던져놓았네

그때가 참 좋았어

나무의 말

백 년 지나 이백 년 땅의 나라 나무는

지나가는 사람의 일 신경 쓰지 않는다

꽃잎에 붙잡힌 눈길 피든 지든 보든 말든

굳이 해야 할 말도 하고 싶은 말도 없어

고작 열흘 꽃 한 송이에 호들갑은 사람의 몫

제 몸에 등을 켠 듯이 모른 척 또 한 백 년

사랑도 나무처럼, 나무도 사랑처럼

지나가는 바람 한 번에 휩쓸리지 않기

선 채로 내린 뿌리, 바꾸지 못할 자리에서

웃거나 울거나, 떠들거나 침묵하거나

그 또한 지나가는 바람일 뿐이기에

땀과 눈물의 씨름이 만든 기적이

가을이라는 것을 아는 우리는

하늘의 황금 설계도에 감탄합니다

삶에 길이 없었던 사람에게 꿈이란

가을만큼 위대한 황금 설계도입니다

황금 설계도

은근슬쩍 다가와 옆구리 깨문 바람이

처음도 아니면서 첫날을 만든 것은

나른한 햇살과 바꾼 여름의 짧은 눈물

일시 정지 버튼 눌러 잡고 싶던 순간도

한 줄도 길다는 시 끝내 읽지 못해도

완벽한 가을을 위해 필요했던 설계도

늘, 겸허한 가을처럼

머뭇거리는 늦가을 첫눈이 등을 민다
떠날 채비도 못 한 바싹 마른 단풍잎
화들짝 놀란 얼굴로 하얀 눈꽃 되었다

기상이변 온난화에 기웃대며 눈치 보다
간신히 잡은 바람의 손 안도의 숨 내쉰 순간
하늘 문 활짝 열렸다, 눈이 눈을 가렸다

예고 없는 기습 공격 무례한 겨울 앞에
유별난 신고식쯤 새롭지 않았다며
흔쾌히 등을 돌렸다, 머뭇거리지 않았다

가을 밥상

모두 다 네 것이다,
상 받아 마땅하다
풍요로 대답하는 사계절 몸의 언어
탐스런 열매로 전한 가을은 신의 대리인

고단했던 시간마저 바르게 재단하며
부지런한 햇살 아래 정직하게 흘린 땀
하늘도 알아준다며
자격 이미 넘친다며

오늘도 열심히 살았나요?

따스한 밥상 앞에서 부끄럽지 않았나요?

노력한 만큼 받을 수 있는 가을 밥상처럼

그대가 받은 상에는 자격이 충분한가요??

사랑이었다

바람의 눈빛에 긁힌 주름살마저 고울 때

낙엽은 꽃이 되었다, 잘 버틴 대가였다

시린 날 모진 바람도 견뎌낼 수 있겠다

끝까지 읽지 않으면 도저히 알 수 없던

겹겹이 층을 이룬 어제에 대한 보고서

사랑이 가을이라면 찬찬히 다시 읽겠다

부활

겨울을 신으로 모신 눈꽃이 피었습니다
시리도록 간절한 하늘 향한 기도가
꼿꼿이 선 채로 바친 얼음 꽃밭입니다

바람벽에 기대어선 나무가 흔들려도
고작 한 시절이 남아 있을 뿐이라며
어떻게 견디며 살까 걱정하지 않습니다

눈꽃을 녹여야 사는 치열한 햇살 임무
천년만년 변함없이 살아나고 살아나서
헛되이 언 땅 위에서 사라지지 않습니다

감히 네가!
그 말이 싫습니다.
'감히'라는 말은 왜 그런지 인격모독처럼 느껴집니다
헛되이 언 땅 위에서 사라지지 않을,
사랑에게 사랑은 모두 소중한 까닭입니다

입에 문 어둠 때문에 가끔

임금님은 벌거숭이, 소리치고 싶은 적이 있다면

그래요, 소리쳐도 좋아요

임금님은 벌거숭이라고 가장 큰 목소리로

입 안 가득, 밝음을 채울 수 있다면

달의 언어로

기울었다 차오르는
벅찬 기쁨을 안고

빛을 삼켜 자라 난
침묵은 달의 언어

베어 문 어둠 한 조각
차마 뱉지 못했네

숲이 되기(까지)

말 없는 산 오르면 입도 같이 다물어져

높을수록 아득해서 온전히 볼 수 없던

빛을 문 잎사귀 한 장 숲의 길을 열었다

모른 척 눈 감았던 앙상한 나무의 시간

본 만큼 믿은 만큼 아는 만큼 살아온 만큼

사람도 나무 한 그루 멈춰 서면 숲이다

사랑도 숲으로 가면 아주 작은 나무 한 그루

함께 어울려 살아야 하는 세상 속의 나무 한 그루

홀로는 아무것도 아닌 사랑 숲의 나무 한 그루

새들처럼

햇살을 꽃잎에 엮어 연둣빛 봄 거두면

여름을 지고 온 바람 물러설 곳 없다며

제 이름 부르며 우는 새처럼 날아갔네

아름다운 기억은 잘 살았던 날의 흔적

태양을 벗고 가는 봄의 긴 그림자가

제 이름 부르며 가네 봄 봄 봄 다시 온다고

많이 보라는 봄날의 아스라한 정경들이

다시 오마, 기약하며 새들처럼 사라지면

하늘 가장 가까이 갈 수 있는 나이 앞에

제 이름 대신 부르는, 아! 엄마

그런 날도 있었네

전철 역 앞 꽃집 기둥은

이백 년 된 은행나무

황금 별 햇살 먹고 황금별 돋아나면

감탄사 밟고서 가는 낙엽 같은 사람들

팔지 않는 은행잎과 팔리지 않은 꽃 사이에서

앙상한 가지 사이 하늘 마냥 눈부셔도

한때는 베어내고 싶은

그런 날도 있었다고

전철역 앞 꽃집 기둥이 2백 년 된 은행나무였는데

이 시를 쓴 후 가보니 사라져버렸더군요

아름드리나무가 건물 시야를 가린다는 이유에서

민원이 폭발했다면서

나무는 사라지고 시만 남았습니다

겨울 숲

저마다 품고 있는 비밀이 흔들렸다
더 슬픈 사연과 더 아픈 이야기가
멀리서 바라볼 때면 숲으로 만 보였다

차가워진 바람이 온기를 거둬간 후
새벽이 오기 전에 어두워진 숲에는
나무가 기록한 울음 초겨울의 물소리

왜 살까 왜 그럴까 궁금하지 않아도
나이가 쌓인 만큼 알게 되는 이야기
하얗게 모두 숨겨줄 눈을 마냥 기다렸다

모르는 사람들의 이야기는

굳이 알 필요 없는 비밀의 철옹성

솔직도 병이라 술술 다 말해주고

숨고 싶었던 겨울 숲

하루가 영원이 되는
우리 집에 가자

집에 가자

둘의 몸에 하나로 사는
순결한 영혼의 축복

더 많이 사랑하라며
울타리마저 온화한

네가 살 행복한 집으로
내가 살 따스한 집으로

해설

선線을 넘나드는
나무의 입

이송희(시인)

1.

우리는 날마다 말과 글을 통해 생각을 나누고, 감정을 전하며, 세상을 이해하고 연결한다. 입은 단순히 소리를 내는 기관이 아니라, 사람과 사람 사이를 이어주는 다리이며, 때로는 누군가의 삶을 바꾸는 도구가 되기도 한다. '입'이 단순한 신체 기관이 아니라 책임과 사명의 도구임을 보여주는 사례는 언론계나 정치계 등 공적인 영역을 비롯해 일상에서도 많이 만나게 된다. 말은 누군가를 위로하고 희망을 건네는 따뜻한 도구가 될 수 있지만, 반면 상처를 주어 관계를 무너뜨리는 날카로운 무기가 되기도 한다. 이를테면 누군가의 슬픔에 '괜찮다'는 말 한마디는 큰 위로가 될 수 있지만, 같은 상황에서 무심코 내뱉은 '그

릴 줄 알았다'라는 말은 오히려 더 깊은 상처를 남기기도 한다. 이처럼 말은 그 쓰임에 따라 장점이 될 수도 단점이 될 수도 있으므로 그 힘을 제대로 이해하고 사용하는 것이 중요하다. 이처럼 말은 단순한 표현이 아닌, 진리와 거짓, 치유와 상처, 순종과 불순종 사이를 가르는 중요한 경계에 서 있다.

김계정 시인의 시화집 『울 만큼 울고 난 후에』는 말의 사용에 대한 각성과 성찰, 언어로 입은 상처와 치유, 회복의 순간을 담아내며 존재론적 사유의 깊이를 더하고 있다. 김계정 시인의 언어는 자연스러운 일상을 담담하게 그려내면서, 그 이면에 감춰진 상처와 아픔, 슬픔을 섬세하고도 부드러운 언어로 표현해 낸다. 그의 언어에는 조용한 울림이 있어, 때로는 조심스럽게 상처 속을 들여다보게 만든다. 그의 시를 읽다 보면, 자연스럽게 시적 주체의 시공간에 끼어들게 되거나, 무심코 흘려보냈던 감정들이 조용히 제자리를 찾아가는 경험을 하게 된다. 고요하지만 깊은 울림, 그것이 김계정 시인의 시가 품고 있는 힘이다. 매섭지 않으면서도 결코 연하지 않은, 아물지 않은 상처를 쓰다듬는 손처럼 김계정 시인의 언어는 외유내강의 감각으로 독자를 감싼다. 감정을 앞세우지 않는 절제가 오히려 더 깊은 울림을 만든 전략으로 작용했기 때문이다.

2.

알아듣는 두 귀와 칭찬하는 입으로

놀이처럼 주고받을 유쾌한 말의 유희

한바탕 웃음이 되는 이를테면 그런 말

-「수다」전문

   알아듣는다는 것은 단순한 인지가 아니라, 이해하고 공감한다는 것이고, 칭찬은 그 자체로 격려이자 응원이며, 위로이고 지지다. 사람에게 귀가 두 개인 것은 남의 말을 더 잘 들으라는 뜻이고, 입이 하나인 것은 말은 아끼되 공감과 이해를 담아야 한다는 뜻이다. 그러므로 입과 귀를 다른 불순한 의도로 쓰지 말아야 한다는 이야기다. 원래 수다는 '쓸데없이 말수가 많은 것'을 의미하지만, 시적 주체는 '알아듣는 두 귀'와 '칭찬하는 입'이 있다면 그 수다는 결코 헛되지 않을 수 있다고 말하는 듯하다. 말이 많고 명확하지 않으면 오해가 생기고, 불필요한 갈등을 유발할 수 있기 때문이다. 함께 웃기 위해선 먼저 상대의 기분을 살펴야 한다. 이 말은 곧, 말 한마디가 누군가에겐 슬픔과 고통이 될 수 있음을 환기시킨다. 부드러운 말은 친밀함을 주지만, 공격적인 말은 거리감을 유발하여 관계를 무너뜨릴 수 있다. 시인은 상식적이고 보편적인 가치를 '수다'라는 역설적 제목에 담아, 진정한 소통의 의미를 되묻는다. 상대의 말에 진심으로 귀 기울이고 따뜻한 말을 건넬 수 있을 때, 말은 그 자체로 유쾌한 놀이가 되고, 모두를 웃게 하는 기쁨이 될 수 있음을 알려준다. 「거짓말」이라는 작품으로 또 다른 말의 알레고리를 살펴보기로 하자.

> 허름한 예의 갖춰
> 말이 만든 주름살
>
> 눈동자에 붙어있던
> 홀린 듯 들뜬 웃음
>
> 흑과 백 무채색으로
> 빙빙 도는 회오리
>
> - 「거짓말」 전문

사람이 무기력하고 우울해지는 가장 큰 이유는 거짓을 쫓거나 추악醜惡한 것을 자꾸 욕망 혹은 마주하기 때문이다. 자신의 삶이 우울하다면 스스로가 진실로부터 멀어져 있는 것은 아닌지, 선善하고 아름다운 것으로부터 도망치고 있는 것은 아닌지 생각해 볼 필요가 있다. 진실은 '실재하는 것'이고 거짓은 '실재하지 않는 것'이다. 진실은 실재하므로 힘을 가지고 있지만, 거짓은 '실재하지 않는 것'을 '실재하는 것'처럼 꾸미며 힘을 소모해야 하기 때문에 힘을 가질 수 없다. 사람이 거짓을 추구하면 오래 버틸 수가 없어 곧 무너지게 된다. 그렇게 거짓을 쫓는 사람들은 결국 곁에 아무것도 남아 있지 않게 된다. 오직 진실을 보고, 선善하고 아름다운 것을 추구했을 때 자신을 지킬 수 있다. 그렇지 않고서는 그 무엇도 자신을 지켜 주지 못한다. 거짓말은 상대를 속이기 위한 수단이다. 그렇게 거짓말로 당장의 위기를 모면할 수는 있겠지만, 언젠가 그 거짓말이 드러났을 때 어떻게 그 거짓을 감당하고 책임질 수 있겠는가.

선의善意의 거짓말 또한 필요하지 않다. 선의의 거짓말을 하려면 차라리 침묵이 낫다. 차마 진실을 알리기 어려워 거짓을 진실인 것처럼 말을 하는 것인데, 거짓말은 순수한 것이 있을 수 없다. 거짓은 또한 영악스러워 진실 속에 교묘하게 섞여 들어가 있다. 포털사이트 기사의 경우를 예로 들면, 자신에게 유리하도록 거짓을 섞은 기사를 진실한 기사 사이에 이질감 없게 끼워 넣는 것이다. 마치 이 정보가 진실인 것처럼 보이게 만들어 대중을 현혹시킨다. "흑과 백 무채색으로/빙빙 도는 회오리"가 이는 이유다. 사람이 거짓말을 하는 이유는 상대방이 관대하지 않아 처벌받을까 두려워서, 혹은 상대를 속이기 위해, 그리고 자신의 명예를 지키기 위해, 자신이 아끼고 사랑하는 존재를 보호하기 위해서다. 사람은 말을 배우면서부터 거짓말을 한다는 말이 있다. 그런 면에서 거짓말이 생존을 위해 어쩔 수 없는 측면이 있기는 하지만, 거짓말이 지속될 경우 궁극적으로는 자신의 생존을 위협받을 수 있다는 것을 기억해야 할 것이다.

말로는 차마 못 해

속으로 삼켰어요

멈춰서 아름다워진

작고 동그란 입

말문이 열렸던 순간

참길 참 잘했어요

- 「우선 멈춤」 전문

'우선于先'은 '어떤 일에 앞서서' 혹은 '아쉬운 대로'라는 뜻으로, 이 시에서는 감정을 절제하며 말하는 상황과 연결된다. 상황에 따라 입을 다물고 있으면 말 그대로 호구虎口가 되기도 하지만, 멈춰야 할 때가 있고 참아야 할 때도 있다. 이 또한 최선의 방법은 아닌데, 어쩔 수 없이 아쉬운 대로 멈추는 이 방법을 선택해야 할 때가 있는 것이다. 말을 잘하고 싶지만, 어떤 말을 해야 할지 마땅히 떠오르지 않을 때는 섣불리 말을 꺼내지 않는 편이 나을 수 있다. 오히려 말로 인해 갈등 혹은 오해를 불러올 수 있으니, 침묵을 선택할 때가 있을 수 있다. 멈추는 것은 갈등을 회피하는 것이고 오해를 만들지 않기 위한 노력인데, 그것이 최선의 방법이 될 수 있는지는 상황에 따라 다르다. 최선最善은 아니지만 최악最惡을 피하기 위해 차악次惡을 선택한 것으로 해석할 수 있다. 말을 삼키는 행위가 단지 침묵이 아니라, "참길 참 잘했어요"라는 말처럼, 참음의 가치와 그로 인한 평화를 강조하고 있는 것으로 보인다. 반면, 「선을 넘었다」는 「우선 멈춤」에서 보여주는 참음의 미학과 상반되는 상황을 보여주고 있다.

바람이 부풀면 볕살 먼저 쏟아졌다

순해진 제 선 안에 넘나드는 빛의 걸음

밟고서 넘지 않은 선 경계에서 아슬아슬

날이 선 눈빛으로 추린 시선 모으면

가벼운 입의 발이 선을 넘는 그 순간

사람과 사람을 잇는 이음새가 벌어졌다

- 「선을 넘었다」 전문

　이 시는 해서는 안 될 말을 해버린 상황을 묘사하며 입조심해야 한다는 교술적 의미를 더한다. 아무리 친한 사이여도 서로 간에 지켜야 할 예절을 벗어나면 우리는 선을 넘었다고 이야기한다. '선을 넘다'는 말은 'out of line, cross of line'으로 해외에서 들어온 말인데, 자신의 사적인 영역을 무척 중요하게 생각하는 해외에서는 그것을 침범하고 들어오면 불편해하며, 자신을 배려하고 존중하지 않는 것이라고 여겨 몹시 언짢아하는 경우가 많다. "사람과 사람을 잇는 이음새"는 적당히 선을 지킬 때 유지가 되는데, 선을 넘으면 서로의 관계가 벌어지고 만다. 어느 정도 관계를 유지하려면 선을 지켜 주어야 한다. "가벼운 입의 발이 선을 넘는 그 순간"이라는 표현에서 짐작할 수 있는 것은 말을 하는 주체가 타인에 대해 이야기하는 것을 좋아하는 사람임을 추측해 볼 수 있다. 바람이 부푼다는 것은 사람들 입에서 이야기가 부풀어서 경계를 넘어가는 상황을 말한다. 바람은 발이 없어서 모든 경계를 넘나드는 특성이 있다. 그렇게 함부로 과장되게 몸을 부풀렸던 말이 번지게 되면 인간관계는 무너지고 만다. 누군가는 "밟고서 넘지 않은 선 경계에서 아슬아슬" 놓여 있다 "가벼운 입의 발이 선을 넘는 그 순간", "사람과 사람을 잇는 이음새가 벌어"지고 마는 것이라는 문장으로 말의 조심성과 신중함을 강조하고 있는 것이다.

이미 알고 있었던 알면서 모른 척했던

말의 꼬리 삼키며 제 혀 질끈 깨물어도

몰랐어, 그 한마디는 비겁한 말의 장난

여러 말 필요 없다며 단칼에 잘라낸 입

바람만 일렁이다가 멈출 것 아니라면

눈물이 변명이라며 온종일 울어도 좋아

- 「변명」 전문

변명辨明은 자신이 잘못 혹은 실수를 한 것에는 다 이유가 있다고 생각할 때 한다. 그러니 자신을 너무 책망하지 말라는 이유로 변명을 하는 것이다. 무지無知도 죄악인데, 특히 "몰랐어, 그 한마디는 비겁한 입의 장난"이다. 몰라서 실수나 잘못을 저질렀다고 해서, 그 잘못과 실수의 책임에서 벗어날 수 있는 것은 아니다. 몰랐다는 말처럼 무책임한 말은 없으며, 이것은 최악의 변명이다. 일본 애니메이션 〈명탐정 코난〉에서 코난이 범죄자를 찾아내 범인의 범죄 사실을 밝혀내면, 범인도 그저 억울한 피해자일 뿐이며, 복수를 위해 혹은 자신을 지키기 위해 어쩔 수 없이 이런 범죄를 저질렀다고 변명을 늘어놓는 경우를 볼 수 있다. 학폭 피해자나 왕따 등의 피해자 역시 가해자가 될 수 있다. 당한 만큼 그대로 되갚는다는 것인데, 그런다고 하여 자신의 잘못이나 실수가 합리화되거나 용서받을 수 있는 것이 아니다.

변명의 한 방법으로 눈물을 흘리는 경우도 마찬가지다. '핑

계 없는 무덤 없다'거나 '온몸이 입이라도 말 못하겠다' 거나 '도둑이 도둑질하는 데는 그만한 이유가 있다'는 속담 역시 변명이 그 어떤 범죄도 정당화시킬 수 없다는 것을 환기한다. 특히 '온몸이 입이라도 말 못하겠다'는 말은 잘못이 명백하게 드러나서 변명의 여지가 없을 때 쓰는 말이다. "눈물이 변명이라며 온종일 울어도 좋아"라는 부분에는 변명을 들어줄 수는 있지만, 자신의 과오나 실수에 대한 처벌은 마땅히 받아야 한다는 의미가 담겨 있다.

3.
돌아보면 한 번씩
울컥 솟는 눈물도

참으면 편해진다는
억지를 배운 후에

재미로 읽지 못하는
어른들의 이야기

- 「비극 동화」 전문

원래 전래동화童話의 원작은 잔혹하고 비정해서 아이들 눈높이에 맞게 순화하여 이야기를 재구성한 것이다. 「백설공주」도 원작은 새엄마가 아닌 친엄마가 어린 딸 백설공주를 쫓아내 죽이려 하고, 아버지 또한 딸인 백설공주와 긴밀한 연인 관계를 맺고 있는 것으로 설정되어 있다. 「백설공주」는 1812년에 초판이 나왔는데, 수차례에 걸쳐 아이들이 받아들일 수 있도록 내용을 수정하여 1854년에 최종본으로 출간되었다고 한다. 아이들이 읽기에는 너무 엽기적이고 충격적이어서 수정한 것인데, 초판에 나와 있는 내용이야말로 현실 그 자체다. 이야기를 솔직하게 들려주면 아이들의 동심童心이 파괴되므로 그 순수한 동심을 지켜줘야 한다는 목적으로 수정되었다고 하는데, 아이들을 온실 속의 화초처럼 키울 수 없다는 입장도 존재한다. 엄밀한 의미에서 비극 동화가 비극이 되는 이유는 '현실의 비극'을 있는 그대로 비극적으로 그려내지 못하기 때문이다. 현실은 참담하고 괴롭고 슬픈 일로 가득 차 있는데, 아이들에게 그 현실을 솔직하게 가르쳐 주지 못하는 것이 비극이다. '진실을 감춰야 한다'는 것과 '참아야 한다'는 것이 비극이다. 아이들에게 제대로 가르치지 못하는, 그래서 "재미로 읽지 못하는/어른들의 실제 이야기"가 동화다.

전래동화 속 주인공들은 대체로 삶의 시련과 역경을 무수히

겪는다. 「신데렐라」, 「콩쥐팥쥐」, 「백설공주」, 「성냥팔이 소녀」, 「미운 아기오리」 등 대부분의 주인공들이 그렇다. 「성냥팔이 소녀」를 제외하더라도, 전래동화의 대부분은 시련과 역경을 이겨내고 해피엔딩으로 마무리되는 판타지fantasy다. 보통 시련과 역경에서 좌절하고 무너지는 경우가 많은데, 전래동화는 "참으면 편해진다는/그런 억지를 배"우게 한다. 차라리 불합리하고 부조리하게 왜곡된 현실을 있는 그대로 보여주고 아이들이 스스로 '바른 가치관과 언행'이 무엇인지 생각해 보게 하는 것이 중요하지 않을까. 잠들어 있던 백설공주에게 반한 왕자는 백설공주를 입맞춤으로 깨어나게 하고, 공주와 결혼하여 행복하게 살았다는 식의 마무리는 여성의 순종적인 삶과 외모지상주의를 보여준다. 「미운 아기오리」 역시 생김새가 남달라 따돌림을 당하는 사회문제를 이야기할 수 있다. 아이들에게 보여주는 동화 자체가 인간의 세속적인 가치와 욕망이 그대로 투영되어 아이들에게 그릇되고 왜곡된 신념을 갖게 만들 수 있지만, 언제나 판단과 선택은 아이들의 몫이다.

  동화는 결코 재미로만 읽을 수 없다. 물론 나름의 의미도 있다. 「백설공주」에서 백설공주는 사냥꾼에 의해 숲속에 버려지는데, 이는 부모로부터 버려질지 모른다는 어린이의 심리를 반영한다. 또한 혼자가 된 백설공주가 난쟁이의 집을 찾아가는 과정을 통해 문제를 해결하려면 외로운 시간과 시련이 따르며 이를 통해 성장한다는 것도 배울 수 있다. 그리고 백설공주가 난쟁이의 집에서 그들의 살림을 도맡아 꾸려나가는 모습을 통해 집을 떠나 사회에 나가면 사회의 일원으로서 열심히 일을 해야 살아갈 수 있다는 것도 배울 수 있다. 그러나 인간의 무지無知와 욕망을 있는 그대로 반영하지 못하고, 현실과 다르게 순화·정제되어 만들어진 동화는 아이들의 공감을 불러일으키기 어려울뿐더러, 오히려 아이들의 면역력(현실 적응력)을 떨어뜨린다. 동화는 아이들의 이야기인데, 그 내용 자체는 재미로 읽을 수 없는 '어른들의 이야기'라는 것을 시인은 짧은 행간에 압축해 놓은 것이다.

칼날 같은 눈빛에 베이고 싶지 않아

시를 쓰지 않으니 세상이 고요하다

속 깊은 한 줄의 의미 모를수록 편해서

가지 치듯 잘라내어 단정해진 시 한 편

사전 안에 몰아넣어 잠들어버린 어휘 숲

난무한 문자의 조합 더는 남기지 않아

곱기만 한 꽃으로는 숲이 되지 못하듯

낯선 언어의 배열 길이 되지 못해서

멈추면 비로소 보인 시를 지우고 싶어

- 「너를 지우면 내가 지워지고」 전문

  움직이는 것이 있으면 움직이지 않는 것도 있다. 움직이는 것이 사라져 버리면 움직이지 않는 것을 알 수가 없으며, 움직이지 않는 것이 사라져 버리면 움직이는 것을 알 수가 없다. 빛과 어둠도 마찬가지인데, 이러한 논리로 본다면, '내가 멈추니까 시가 보인다'는 등식이 성립된다. 네가 있으니 나를 인식하고, 내가 있으니 너를 인식하는 연기설緣起說로, 모든 존재는 상호의존적이면서 상대성을 띤다. 그러니 "너를 지우면 내가 지워"지는 것이 가능하다. 너를 통해 나를 인식하고 나를 통해 너를 인식하기 때문이다. "시를 쓰지 않으니 세상이 고요하다"고 주체는 말한다. 시와 세상을 병치시킨 것으로 이를 반대로 말하면, 시를 쓰면 어지러운 세상이 보인다는 의미가 된다. 세상이 어지러울수록 시는 써지고, 진짜 고요한 세상을 맞이하려면 시를 놓아야 한다. 멈추면 비로소 보이는 시를 지우고 싶은 이유는 그때의 시는 진짜 시가 아니라고 생각하기 때문이다. 1970~1980년대 유신시대와 군부독재 시대를 지나오면서 시인들은 참여시와 노동시를 통해 세상의 부조리를 시詩로 고발했다. 세상이 어지럽고 부조리하며, 극한의 갈등과 반목 속에서 긴장감이 높아졌을 때 시는 쏟아져 나왔다. 아이러니하게도 세상이 조용해지면 시가 나올 수 없다. 세상의 풍경이 사라지면 시가 나오지 않는다는 점에서 시는 마치 거울과 같다.

내일이라는 이름으로 오늘이 떠났습니다

달의 그림자에 가린 밤마저 잠이 들면

동백꽃 피어나듯이 하늘 한쪽 환합니다

눈을 뜬 푸든 숨결 새벽이 달러옵니다

나를 타이르듯이 등을 두드릴 햇살

오늘은 어제보다 더 열심히 살겠습니다

- 「이름값」 전문

이름이 가진 가장 큰 특징은 주술성이다. 무언가를 이루기 위한 도구로서 작용하고 정체성을 드러내기 위한 수단으로서 이름이 존재한다. 방문房門에 창고倉庫라고 이름을 붙이면, 이곳은 더 이상 방이 아니라 창고의 역할을 해야 하는 것처럼. 이름은 역할을 부여하고 어떤 성취의 기준이 된다. 이름값을 한다는 것은 존재의 의미를 확실하게 밝혀주는 것이다. 내가 왜 존재해야 하는지, 나의 역할, 나의 목적을 밝혀줘야 하는 것이 이름값이라고 보면 된다. "내일이라는 이름으로 오늘이 떠났습니다"에서처럼 여기에는 시간의 개념이 등장한다. 시간은 변화를 주고, 움직임을 준다. 그래서 시간은 인간의 노력과 정성을 담아낸다. 시간을 들여서 내 목적을 성취하는 것이니 시간 자체에는 노력이란 의미가 있다. "오늘은 어제보다 더 열심히 살겠습니다"라는 말은 오늘 노력하지 않으면 어제도 내일도 의미가 없다는 뜻이 된다. 시간을 통해서 나는 내 꿈을, 내 이름값을 반드시 이루겠다는 것으로 읽힌다.

바꿀 수도 고칠 수도 가질 수도 없기에
앞만 보는 새처럼 돌아보지 않겠네
머물러 날갯짓하다 날개마저 꺾일까 봐

앞과 뒤 다른 만큼

닫힌 입과 열리는 귀

형체를 알 수 없어

허공 향해 휘두른 손

어렴풋 보일 때마다

주저앉던 두 다리

두려움 감추려고 높이 오르는 일이

장애물 경기를 하던 어제보다 쉬워서

마음껏 날아올랐네, 망설이지 않았네

- 「두려운 새가 높이 날았다」 전문

  일상을 살아가면서 우리는 여러 장애물을 넘어야 하고 몇 개의 고비와 고단한 일상을 반복적으로 견뎌야 할 때가 있다. 새가 높이 날았다는 것은 현실도피로 해석될 수 있는데, 하늘로 올라간 것이므로 지상 세계를 떠난 것으로 생각할 수도 있다. 죽음보다 삶이 더 두렵다고 느꼈기 때문일까? "바꿀 수도 고칠 수도 가질 수도 없"다는 문장에서 알 수 있는 것은 자기 삶을 스스로 바꿔 나가지 못하는 수동적인 태도로 살고 있음을 의미한다. 자기 역량이 미치지 못했던지 너무나 강력한 운명적인 요소에 가로막혀 자신의 삶을 바꿀 수가 없었던 것인지 알 수 없지만, 자신이 처「있는 상황을 극복하거나 바꿔 나갈 수 없는 상황임은 확실해 보인다. "앞과 뒤 다른 만큼/닫힌 입과 열리는 귀"에서처럼, 귀는 열리고 입은 닫혔다는 것은 내가 현실 사회를 있는 그대로 받아들여야 하는 상황임을 보여준다. 주체는 외부의 압력을 받으며 아직 스스로가 주체적으로 바꿔 나가지 못하고 있다. "형체를 알 수 없"다는 것은 자신의 이상적인 삶을 제대로 잡을 수 없다는 것을 의미한다. 주체는 자신이 살고자 하는 대로 살지 못하고 주변에 의해 끌려다니며 새장 속의 새로 살고 있다. 새가 새장에 갇혀 하늘을 날지 못하면 자기 존재 이유를 찾을 수가 없다. 죽더라도 하늘 높이 날아오르는 것을 꿈꾸고 희망하는 것은 아닐까. 회피보다는 자기를 감싸고 있던 굴레를 벗어나, 위험하지만 비로소 자유로워질 수 있는 길로 나아가는 것이다.

4.

백 년 지나 이백 년 땅의 나라 나무는

지나가는 사람의 일 신경 쓰지 않는다

꽃잎에 붙잡힌 눈길 피든 지든 보든 말든

군이 해야 할 말도 하고 싶은 말도 없어

고작 열흘 꽃 한 송이에 호들갑은 사람의 몫

제 몸에 등을 켠 듯이 모른 척 또 한 백 년

- 「나무의 말」 전문

  꽃은 나무의 말이다. 꽃은 벌과 나비를 불러들이는 것이기도 하지만 사람의 시선을 모으기도 한다. 그런데 해마다 꽃잎은 피었다 지는 과정을 반복한다. 나무가 꽃을 피울 때마다 사람들은 나무에 핀 꽃에 관심을 갖고 찾아온다. 나무도 사람에 대해 신경을 쓰지 않는다. 나무는 몇백 년 동안 살아오면서 무던하게 이런 상황을 받아들인다. 묵묵하게 자기 자리를 지켜가면서, 사람들이 시선을 주든 안 주든 늘 한결같이 그곳에 있다. 사사로운 욕망을 품지 않고 "제 몸에 등을 켠 듯이 모른 척 또 한 백년" 제 자리를 지켜가는 아름다운 모습을 우리는 그저 바라볼 뿐이다.

이렇듯 김계정 시인의 언어는 제 자리를 지키는 나무와 같다. 나무의 말로 하여금 말하지 않고도 깨달음과 성찰을 전해주는 힘을 가지고 있기 때문이다. "나무가//나무다워지고//새가 새다워지는"(「나도 나다워지고 싶다」) 것처럼 '나'다움을 만날 때 진정한 존재 가치를 발견할 수 있음을 시인은 안다. 김계정 시인은 "꽃처럼 피었으나 낙엽처럼 저물어도/설레고 설레어서 갈수록 더 좋은 길/사랑이 사랑만으로 등불 하나 걸린 길"(「그런 길」)이 곁에 있었음을 알고 있었기에 '나무의 말'을 알아들을 수 있었을 것이다. 그런 까닭에 "버려도 아쉽지 않을/꿈은 다 지워버리고"(「홀가분하게, 이제」) 홀가분해지는 법을 이야기할 수 있는 것인지 모른다. 김계정 시인의 시에는 "말로써 무너져버린 누군가의 우주"(「별일」)가 있고, 묵묵히 제자리를 지켜 주는 나무 같은 존재가 있다. 시인은 '나'이면서, '당신'이면서, '우리'인 그들의 삶을 비추는 거울 속에서 "너를 지우면 내가 지워진다"는 연대의 진실을 깨달아 간다. 김계정 시인의 언어는 부드러우면서도 흔들림이 없고 단단하다. 마치 계절을 견디며 제 자리를 지키는 나무처럼, 조용하지만 깊고 고요한 울림으로 한결같다.

録金農貞詩人
時雨湖哦辛巳
川引礼川
二二二二通七月
鄭吉公[?]上

그림

이애란

대한민국미술대전 특선
여성미술대전 대상, 종로예술문화대상
위대한 도전 한국인 종로 33인 대상
청계미술상
사) 한국미술협회 이사
사) 한국민화협회, 선문대학교 외래교수
사) 종로문화재단 이사
사) 한국미술협회 종로미술협회 회장

배경희

개인전 부스전 4회
북방교류전
대한민국 여성미술대전
사) 한국미술협회 화성지부
빛그린 수채화전(창립전~11회)
사) 대한미협전 프랑스 파리올림픽 개최기념
사) 대한미협전 한국/쿠바 수교기념 수상작가전
사) 한국시조시인협회, 오늘의 시조시인협회 회원

김계정 시조집
울 만큼 울고 난 후에

인쇄일 2025년 7월 5일
발행일 2025년 7월 16일

지은이 김계정

발행인 김홍준
디자인 지오커뮤니케이션
그 림 이애란 배경희

펴낸곳 도서출판 **알토란북스**
출판등록 2005년 8월 9일 제 2-4212호
주소 서울 중구 퇴계로 264 이테크타워 304호
전화 02-2272-5989, 5997
FAX 02-2272-5998
전자우편 design802@naver.com

ⓒ 알토란북스, 2025
ISBN : 979-11-86407-52-3(03810)

*이 시조집은 예술활동준비지원을 받아 발간하였습니다.

· 파본은 구입하신 서점에서 교환해드립니다.
· 이 책에 수록된 글과 작가 그림은 저작권자의 동의없이 이용하지 못합니다.